Corrección: Eladia Guerrero
Diseño de cubierta: Mónica Morales
Maquetación: Aliar Ediciones

Depósito Legal: GR 251-2026
ISBN: 979-13-88058-75-2

Impreso en España

Edita
ALIAR Ediciones
www.aliarediciones.es
info@aliarediciones.es

CÍRCULO CERRADO

Poesía reunida
2012 – 2023

JULIO PAVANETTI

CÍRCULO CERRADO

Poesía reunida
2012 – 2023

JULIO PAVANETTI

INTRODUCCIÓN

Esta selección de poemas reúne una extensa travesía poética en la que Julio Pavanetti ha ido trazando, libro a libro, un mapa sensible del tiempo vivido. No se trata solo de una recopilación de textos, sino de un cuerpo de escritura coherente, atravesado por el deseo de hablar de la experiencia antes de que el olvido la borre.

La poesía de Pavanetti nace de una relación directa con la realidad y con la conciencia del paso del tiempo. Su voz se mueve entre la introspección y la mirada crítica, entre la emoción íntima y la responsabilidad ética. En sus poemas conviven el amor y el deseo, la memoria de la infancia, la pérdida, el exilio —interior y exterior—, la injusticia social y la persistente búsqueda de sentido en un mundo que con frecuencia se deshumaniza.

El tiempo aquí, como un espiral, avanza, retrocede, regresa en forma de recuerdos, de ciudades evocadas, de cuerpos amados, de padres ausentes, de imágenes detenidas en fotografías o en gestos mínimos.

En esta selección conviven el poema meditativo y el narrativo, la reflexión metafísica y el compromiso ético, la intimidad amorosa y la conciencia colectiva. La palabra no se encierra en sí misma sino que se abre al lector como un territorio compartido.

Las citas poéticas que acompañan a algunos textos revelan también un diálogo constante con otros autores que Pavanetti admira y de los que bebe.

En ellas se afirma la convicción de que la poesía se escribe siempre en compañía, y en los versos ajenos podemos encontrar la explicación de lo que sentimos o, al menos, la certeza de que otros han sentido lo mismo.

El poeta cita a Goethe cuando dice aquello de que *Mientras no hayas muerto y vuelto a levantarte, / extranjero eres para la tierra oscura.* Asimismo, también somos todos extranjeros en la Comala de Juan Rulfo, esa ciudad eterna que el autor habita cuando echa en falta a su Montevideo natal, de la que la separan trece mil kilómetros y un océano, tal como lo plasma en el poema «La ciudad desnuda»: *Desierta la ciudad dibuja a mano / filamentos de lluvia transparente / que descienden al pozo de la noche.*

Leer esta antología es adentrarse en un espacio donde la experiencia personal se vuelve colectiva y donde el lector es invitado a reconocerse en las grietas del tiempo, en la persistencia del recuerdo y en la obstinada tarea de nombrar lo que duele, lo que se ama y lo que se espera.

Annabel Villar
Enero de 2026

Libro I

¡ATENCIÓN!

PUEDE CONTAMINAR

(2012)

ARTE POÉTICA

No escribo como otros para una élite
con lenguaje y mensajes rebuscados.
No busco impresionar a mis colegas
tan solo para alimentar mi ego;
me tienen sin cuidado sus complejos
o su collar de traumas personales.
No estoy pendiente de ellos cuando escribo,
sin embargo, me gusta disfrutar
de un buen poema, bien sea escuchándolo
en la voz del poeta, o bien leyéndolo
en el sosiego de mi soledad.
No espero que los críticos me alaben
ni persigo los premios como un fin,
tampoco me obsesiona el publicar.
En verdad pienso igual que Umberto Eco:
«Escribo porque me gusta escribir».

CUÁNTAS PALABRAS

Cuántas palabras que mis labios
no han pronunciado.
Cuántas palabras que mi pluma
aún no ha escrito.
Cuántas palabras todavía
no he utilizado
y prosiguen su trayectoria
al infinito.

Cuántas palabras atrapadas
en los glosarios.
Cuántas palabras crepitando
desde las simas.
Cuántas palabras que aún laten
en diccionarios,
pugnando por salir a liar
versos y rimas.

Cuántas palabras desganadas
levantan vuelo.
Cuántas palabras deseando
variar su suerte.

Cuántas palabras aguardando,
en justo anhelo,
la voz del poeta que las toque
y las despierte.

¿ES QUE ACASO SOY OTRO?...

¿Es que acaso soy otro cuando escribo?
¿O es solo entonces cuando soy yo mismo?

Cuando me vuelvo lábil ante un verso,
sacudido por la fuerza de un tropo,
transitoriamente desaparezco,
y luego, siempre me transmuto en otro.

Quizás sea la imagen invertida
de mis propias dudas existenciales,
o tal vez sea yo mismo la llave
de cada una de mis interrogantes.

Extenuado molde de lo mudable
encuentro en la siringa de Tesalia,
esos sensuales labios de la luna
que besan el valle de mi galaxia.

Me sigo preguntando si yo soy
el que escribe, o es mi propia narradora
la que ardiente copula con mi espejo,
cuando el reloj desfallece sin horas.

Pasada la tempestad del poema
resucito como tierra sencilla,
libre de los colmillos asesinos
que intentan desgarrar mi doble vida.

Observando a mi otro yo de reojo,
voy en busca del núcleo del poema
y caigo en mi mundo. ¿O será el de otro?

EXTRAIGO DEL YACIMIENTO...

Mientras no hayas muerto y vuelto a levantarte,
extranjero eres para la tierra oscura.
GOETHE

Extraigo del yacimiento
de la garganta oscura de la noche
—donde se guarda aquello aún no dicho—
el aliento desnudo de los pájaros,
el verso desprevenido
al que le cuesta dormirse
o lo hace con un ojo semiabierto
y que, quizás, me ayude a levantarme.

Remuevo de entre las sombras
los cuerpos invisibles y extranjeros,
materias deformadas por las aguas
más profundas de los mares.

Busco el alma extraviada de las cosas,
los címbalos que resuenan
en el fondo de su cuenco.

Palpo ciego los residuos
de las declinaciones de la luz,
agujas excomulgadas
por descoser el brial del universo,
los rescato, y me quedo frente a frente
con el futuro poema.

HE VISTO AL CIELO...

Desde mi atalaya marina,
a espaldas de los esqueletos de argamasa,
he visto al cielo
sangrar por sus encías,
y convertirse en un extenso algodonal convexo
de fuego sin llama,
de brasa sin ceniza.

He visto al cielo
arrebatar a la interjección la palabra,
poner a la mirada signos admirativos,
y fundirse, lanzando profecías,
con el cóncavo mar de carbón.

He visto al cielo
bañarse solo con la luz trémula
de un párpado entreabierto de mercurio,
cayendo como un coágulo
sobre el último desasosiego.

Desde mi atalaya marina
he visto al cielo
sangrar por sus encías.

MI LUGAR

La realidad se ha vuelto insoportable.

Yo pondría mis versos —los más crudos—
en las alas sutiles del otoño,
para enterrar las noches más oscuras
y las penas de sueños que murieron.

Cobijo resplandores y cenizas
en las más absolutas intemperies;
despliego sus hilachas, y las hago
arder en los infiernos de aire frío
con estricta constancia, descubriendo
mi lugar... allí, donde no hay lugar.

UN POETA A OSCURAS

Cuando sangran los parterres
y echan humo los gladiolos;
cuando se bajan los cierres
y los muertos quedan solos.

Cuando al grito lo silencia
el silencio de otro grito,
y la palabra es ausencia
vagando en el infinito.

Cuando la ley se vulnera,
se aniquilan los derechos,
y la crisis financiera
recae sobre nuestros techos.

Cuando el poder se desborda
por esa ambición que ciega,
y la voz se vuelve sorda
al atropello que siega.

Ante un mundo deshumano
donde reina el egoísmo,

yo, con la pluma en mi mano,
me cuestiono sin lirismo:

¿Qué hace un poeta en un mundo
que se ha deshumanizado
y naufraga moribundo
sin aprender del pasado?

¿Soñar ante lo imposible?
¿Enfrentarse, con la pluma,
a un enemigo invencible?
¿Negar la verdad que abruma?

Los jóvenes sin trabajo,
despilfarro en las alturas…
Yo pregunto, cabizbajo:
¿Qué hace un poeta, a oscuras?

LAS OLAS

Ajenas al candado del horizonte plúmbeo,
las olas van y vienen
con la espuma adherida a los acentos.

Las palabras oscilan entre ellas;
voces cómplices de las correntadas,
de noches y recuerdos.

Tras su viaje, las olas rozan mi desmemoria
como suave caricia de los vientos,
hasta ejercer, inevitablemente,
su errabunda influencia
en la azul geografía de mis versos.

DIÁLOGO VIRTUAL

Y este silencio llega con un lento estribillo
Aurora LUQUE

Durante el estribillo de esa noche
en un diálogo virtual con mi sombra,
descubrí que el silencio no solo tiene oídos,
sino que escucha aún por detrás de sí mismo.

Ahora que lo sé, mi verbo no está solo,
viaja hasta el viento y se vuelve sonido.

Y en otra oscura noche con parecida calma
y un aire amoratado, misterioso y pasivo,
logré entender que, a veces,
la vida real no alcanza.

NOCTÍVAGO

Una vez extinguidos
los fuegos de artificio,
el cielo se nos muestra tal cual es,
oscuro,
eternamente oscuro
bajo el toldo de estrellas.

Es entonces cuando la noche
despliega el mantel de su fuerza
para volverse poderosa.

En la tangente
la ciudad es un caos;
botellones y porros,
guitarras, distorsionadores,
borrachos, putas y travestis.

Resulta cierto
que cuando la luz tiene sus problemas,
sobre las demás fuerzas prevalece
el poder, insultante e intemporal,
de la oscuridad absoluta.

Y en medio de esa lóbrega anarquía,
el poeta va en busca del amor
sin éxito.

EL POETA Y EUTERPE

Al fin se ahueca la niebla.
Abre las viejas puertas y ventanas
amaestradas por los latigazos
de la aplastante rutina
y se dispone a esperar
que la música escape de su flauta.
Sus ojos van en su búsqueda.

Descubre como cabriola
en las escalas del aire
saltando de letra en letra.
Ella vuela hacia él como si fuera un Dédalo
buscando su libertad.

Él oye el aleteo de sus alas,
su eco repiquetea en las estrofas.
Interpreta su descenso.
Prepara papel y lápiz
y confía que el sol no la derrote
como antes hizo con Ícaro.

Se acomoda bien las gafas y aguarda
con el verso entre los dedos
a que el quemante aliento del poema
rompa la parálisis y el silencio
al que le somete la dictadura
de los papeles en blanco.

Libro II

LA ESPIRAL DEL TIEMPO

SPIRALA TIMPULUI

Bilingüe castellano-rumano

(2012)

ONDAS TEMPORALES

Cayó el silencio
con la túnica oscura del vacío.

Allí está ahora
plácido / como muerto.
Agua de aljibe
en espera de un gesto solidario e invisible.

Atado a la caída de un objeto
que le despierte
anilla unas delgadas espirales
y esas ondas / fractales repetidas
le devuelven el ritmo natural
la armonía y la luz
el sonido y el tráfico que estimula la vida.

A TIENTAS

Andar a tientas
con el paso desprevenido
entre un punto irreal y otro tangible,
entre el envejecido abrazo de los mares
y los lamentos de la luna.
A tientas entre el ayer y el después.

Andar a tientas
sobre los regazos del tiempo,
sobre el recuerdo grato de un verano
tan impetuoso como girasol encendido
que al marcharse produce heridas.
A tientas sobre el gong de la memoria.

Andar a tientas
por las arrugas de la tierra,
por esos laberintos del espejo
que nos devuelven canas, surcos e incertidumbres.
Andar a tientas, siempre a tientas,
y quedarse, al final, solo en la espera.

TRÁNSITO

Alondra estremecida,
surcando túneles de ausencia,
ando en busca de los caminos
que el dolor no ha pisado.

Yo muerdo el tiempo
como hiciera el prudente Ulises,
con pasos cortos y graduales
que ya no resuenan con furia
sobre el asfalto de mi viaje a Ítaca.

Y no quiero recordar el fulgor
de las candelas apagadas
por las terribles tempestades,
yo prefiero acercarme a la luz cálida
de las que permanecen bien erguidas.

Con un pie en el infierno y otro en el paraíso,
me desplazo despacio, con el paso cansino,
entre monótonas garúas
que me resbalan por el alma,
igual que el eco en la montaña
busca su tránsito al silencio.

DE AQUELLOS AÑOS...

Durante aquella etapa de mis primeros años,
la vida se movía lenta y en blanco y negro;
desde el manto colgaba un párpado cerrado
cómplice de la seda de mis jóvenes sueños.

Todo el mundo cabía en el grial de mis manos:
mis amigos, mi hermana, mis padres, mis abuelos.
El sol sembraba el patio de pétalos dorados,
alfombrando las alas abiertas al recreo.

En familia y en paz, entre libros y juegos,
las horas de aquel tiempo corrían dulcemente.
Pero luego los años arrugaron el ceño.

Si bien ahora desde el jazmín del recuerdo
sigue latiendo fuerte la emoción que florece
dentro de mi memoria, más allá de los tiempos.

PROPÓSITO

La orquídea, en contacto con la brisa,
devuelve las caricias de la infancia.
El tiempo es quien recorta la distancia,
devolviendo una imagen imprecisa.

Al recorrer lo azul de la memoria,
devoradas por soles veraniegos,
rebosantes de amor, libros y juegos,
se suceden las fotos de mi historia.

Las baldosas resisten a mi paso,
pero el cuerpo se va debilitando
cuando nunca la vida ardió tan fuerte.

Despojado del manto del fracaso,
me propongo tomar de nuevo el mando
cuando ya coqueteo con la muerte.

EL TIEMPO LEJANO

Los caminos que he recorrido
dejaron grabadas mis huellas,
marcaron un itinerario
que acabó en versos arrojados
al fondo de una papelera.

En los recuerdos que cabriolan,
el tiempo lejano regresa
y aunque, a veces, quiero alejarlo,
definitivamente torna
abrochado a la bruma densa.

Soy huésped del tiempo lejano
que se fue internando en la niebla,
que es esquivo como el espacio
y huidizo como los vencejos,
aunque en el fondo siempre vuelva.

Hoy me limito a transitar
por las antiguas alamedas
recobrando los territorios,
los paisajes y las distancias
que el tiempo ha cubierto de ausencias.

LA VIDA

Como cualquier exceso abrupto
tan sorpresivo como inesperado
la vida no se posa en los espejos.

Hace falta guardar algún verano
disimulado en las mejillas
y un canto oculto en un rincón del pulso
antes de que se borren los grafitis
que los años pintaron en el alma
y el viento se despegue de los párpados.

La vida es solo un soplo,
una casa de citas que se alquila por horas.

TODO PASA

A mis hijas

Sin vehemencia, implacables,
ensartadas a un suspiro
se aceleraron las horas;
insobornables, altivas,
llevándose las edades
de la calma y de los sueños,
transformándolas en pliegues,
cediendo a lo inevitable.

Como una casa vacía
mi alma duele de recuerdos,
duele de efímeras horas,
duele en silencio, de hijas
todavía cerca y lejos.

Tan solo quedan jirones
de aquellos días felices:
los primeros balbuceos
y las canciones de cuna;
el asomo de unos pasos

que escalando en el asombro
ensayaban, tras la siesta,
la comedia de la vida.

Acabó el sueño infantil,
ya no hay casa de muñecas,
el castillo era de naipes,
el gigante era de barro.

Así se esfumó el héroe
de brazos fuertes y largos,
que enviaba al aire rosas
y, en el mar, se convertían
en juegos para las olas.

Aunque algo descoloridas,
solo resisten las fotos
que nos dejan atrapados
en imágenes insomnes,
pedruscos sordos al agua.
Todo muere, como el fuego,
como la espuma del día.
Todo pasa, como el tiempo
que ya me cabalga encima.

VACÍO

A veces es como si el mundo
consiguiera quedarse inmóvil,
y la ciudad, otrora bulliciosa,
se asemejara a una gran siesta.

Es cuando el ánima se abstrae
y parece quedar todo dormido.

El espíritu permanece
en completo silencio,
sin victorias y sin derrotas,
solo vacío.

Libro III

LA ÚLTIMA CURVA

DEL DRAGÓN

(2015 1. ª ed. - 2016 2. ª ed.)

A DESTIEMPO

Al hombre lo derrota
la guadaña implacable
y la muerte es vencida
por la espiral del tiempo

y sin embargo el tiempo
ya no es más intocable
cuando enfrenta el poder
del destino a destiempo.

EL VIAJE DEL TODAVÍA

El alma es imperfecta
como metáfora de un dios menor.
El hombre
rehén de su fugacidad
no es más que un pasajero inútil.

En su ceguera
infructuosamente prolonga
sobre binarios mudos
el trayecto del todavía.
Y aunque lo alargue
tras pactar con el diablo
no consigue completar sus deseos
siempre le faltan días.

Devora
solícito y ufano
campos y tierras que ondulan siluetas
cubiertas de lluvias y viento.
Pero al igual que el río
por más que corra

por más que se resista
siempre acaba en el mar.

Cuando los cielos le recuerdan
que debe apearse del tren
se queda solo
hiriéndose las uñas
y varado en el medio de la nada.

ASFIXIA URBANA

En la calma de un día en la ciudad
verás precipitarse a unos hermanos
con la sangre lavada por la asfixia
corriendo presurosos en zigzag.

¿Dónde irán esos hombres agitados
por calles que descienden empedradas,
cargando en sus espaldas con la historia
de un pueblo que atraviesa el bosque urbano?

¿Dónde irán a buscar el desentierro
de su remota estirpe ya olvidada
con la muerte pisando sus talones
y estallando sus pechos por el miedo?

¿En cuáles de los márgenes del cielo
buscarán las vocales del gemido?

La ausencia de aire fuerza cada búsqueda:
¿hacia dónde se escapa el desconcierto?

¿Se podrá respirar en esa atmósfera,
o será solamente una utopía?

El mar inescrutable abre sus puertas:
un don para los párpados en sombras.

REGÉNESIS

Cuando se hayan apagado
todos los ecos tras la más larga
noche de los tiempos...

¿Latirá aún el verbo?
¿Todo empezará de nuevo?

LOS AÑOS

los años son también deslumbre
Mario BENEDETTI

Los años van andando muy despacio
al igual que los caracoles,
y sin embargo el tiempo
nos sobrepasa.

Avanzan intercambiando sus roles
y al presentir el riesgo
se refugian en su palacio
buscando la seguridad
y la protección de su casa.

Semejan a las cuentas de un rosario
que unidas en cordel
—y con pausa en las estaciones—
construyen el camino de la historia,
esa gigante, sin rostro ni fin,
forjada por pasiones
y por la memoria mezquina
de un calendario que convierte
nuestra derrota en su victoria.

EL DESTINO

A veces el destino juega malas pasadas,
y otras, se inventa trampas buscando divertirse.
Bebiéndose la luna nos persigue hasta el alba
y al fin nos abandona, harto ya de reírse.

Somos como un velero inmerso en la tormenta,
estamos a merced del viento del destino.
Cuando él se lo propone, sopla, nos zarandea,
y se burla, mostrando su poder infinito.

Nos mueve como a títeres sobre los escenarios
manejando los hilos con la luz apagada;
somos menos que un punto del tiempo y el espacio,
por eso yo no entiendo las miserias humanas.

LAS AGUJAS

¡Ya están ahí otra vez! Todo está en paz...
pero ellas vuelven inexorables
con exasperante puntualidad
tras las primeras chispas del albor,
constantes como de costumbre,
implacables y despiadadas
vulnerando mi intimidad.

Asidas a la sombra estrecha,
sosegadas tras el cristal absurdo,
firmes en su recorrido analógico
de métrica precisa y rígida,
torturan, pertinaces,
el sagrado silencio, con los ecos
de sus apostillados lapidarios.

Remarcan con tenacidad y furia
cada punto, mientras galopan
sobre mi tiempo
martilleando cruelmente en mis sienes,
hasta hurtarme mis últimas
horas de sueño.

LO QUE NOS QUEDA

Todo lo que nos queda
es el futuro

encerrado en la niebla
de un expediente
inédito

vestido con incógnitas

y cubierto
por redes de misterio.

CREPÚSCULO

Las pinceladas sobre el horizonte
son memoria de sueños
que se han quedado truncos,
vestigios que se enfrentan al olvido
mientras vagabundean
entre el día y la noche.

Y nosotros posamos las miradas
en el choque del cielo
con el fin de la tierra
buscando en los residuos de colores
tan solo una respuesta
a nuestros sueños rotos.

LA ÚLTIMA CURVA DEL DRAGÓN

El tiempo nos empuja por fractales
que subordinan nuestra travesía
a su entero capricho.

Nos conduce a través de las paredes
mullidas, de dibujos geométricos,
adheridas a largos toboganes
con forma de espiral,
que el aire pasajero del camino
ha ido moldeando a nuestro paso.

El tiempo, desvencijado de pájaros,
conoce de memoria el laberinto
por donde fluye y corre nuestra sangre
que, al igual que el destino que tenemos
marcado, asciende y desciende a su antojo
debajo de la combada techumbre
del fractal matemático.

El tubular por donde viaja lenta
la sangre en procesión
controla las venturas y desgracias,

hermanas en el tránsito,
que acabarán tomadas de la mano
cuando la sonería anuncie el fin
de todos nuestros días
sobre la última curva del dragón.

Libro IV

TIEMPO DE CRISTALES ROTOS

(2014) - (2016)

HONTANAR NOCTURNO

De estrellas ausentes que no dejan rastro
en noches vacías de luna en el cielo.
De velas ahogadas en los candelabros
en noches a solas, desnudas de sueño.
De esquirlas de insomnio, de sus negros látigos,
heridos de vida, me surgen los versos.

Y SE QUEDAN TAN ANCHOS

Descalzar un navío como un rey
colgar reyes como auroras
Vicente HUIDOBRO

Fabrican a unos ídolos que crían como ganado,
conducen a ese ganado como lo hacen con la gente,
le reinventan a la gente hasta su propio pasado,
tergiversan el pasado y gobiernan en su mente.

Empapelan nuestra mente como a las viejas paredes,
moldean a las paredes como si fueran tinajas,
entretejen las tinajas como se trenzan las redes,
engarzan de a una las redes como engastan las alhajas.

Siembran el mundo de alhajas como si fueran simientes,
arrojan a esas simientes igual que arrojan los dardos,
envenenan a los dardos como lo hacen las serpientes,
amontonan las serpientes igual que si fueran fardos.

Desparraman a los fardos igual que hacen los profetas,
idolatran los profetas igual que si fueran dioses,

remontan sus propios dioses como remontan cometas
y juegan con las cometas como se impostan las voces.

Utilizan a las voces para guiar a sus veleros,
clausuran a sus veleros, cierran todas sus ventanas,
esquilan a las ventanas como se esquilan corderos,
doblegan a los corderos como tañen las campanas.

Sortean a las campanas como sortean escollos,
embotellan los escollos como embotellan bebidas,
recogen a las bebidas como recogen centollos,
multiplican los centollos como si fueran heridas.

Cultivan nuestras heridas como cultivan viñedos,
manejan a los viñedos igual que a las marionetas,
dirigen las marionetas como dirigen torpedos,
activan a los torpedos como si fueran veletas.

Hacen girar las veletas con la fuerza de los vientos,
sobrellevan a esos vientos igual que si fueran Sanchos,
adulteran a los Sanchos, carecen de sentimientos,
nos manipulan los pensamientos...
y se quedan tan anchos.

VERGÜENZA

Ojalá los poetas pudiéramos cantarle siempre
a la luna, a los amaneceres románticos, a la paz,
al amor, llenando nuestros poemas
de palabras hermosas, pero...

cuando la televisión nos devuelve imágenes
del horror de ataques impúdicos,
mientras los Gobiernos asisten, impasibles,
a una nueva masacre de inocentes,
cuando entre los escombros
—que manan del corazón de los viejos muertos—
se abren las pupilas espantadas
de los niños de hoy,
y brota la sangre en las mismas calles
donde antes corría la vida...

¿Cómo cantarle a la belleza?
¿Cómo escribir un poema de amor
cuando se siente vergüenza
de pertenecer al género humano?
Frente a la Primera Avenida,
en Nueva York,
a la altura de la calle 45,

los diplomáticos caminan de prisa,
nadie se atreve a mirar la obra de Carl F. Reuterswärd.

¿Será que al cañón del gran revólver
del calibre 45 lo han desanudado?

Los pueblos se han hecho oír
manifestándose por las calles del mundo
contra la barbarie asesina.
Los Gobiernos se hacen los sordos y los mudos,
no solo no escuchan los reclamos de su gente,
sino que delinquen con su silencio y su permisividad.

En este poema no hay tropos:
la luz de la luna es metralla brillante,
los amaneceres son de fuego real.

¿La paz? Solo sueño, esperanza remota
de los corazones que tiemblan de terror.

¿El amor? La desesperada búsqueda
de una madre que no encuentra a su hijo
entre los restos de una escuela bombardeada.

¿Cómo cantarle, pues, a los tópicos de la poesía?

OTRAS PALABRAS

Hay palabras que caen sobre el pecho
como se hunde una piedra en un arroyo,
modelando unos círculos concéntricos
sobre la superficie
pero clavándose como un puñal
al asentarse
en su suelo profundo.

Son como un proyectil envenenado
que irrumpe subrepticiamente,
cuando no se le espera,
en la caja hueca y sonora.

Taladran sin piedad,
encallan en las entretelas
abrevando su ira
con un soplo de hiel,
y convierten el llanto
en espeso polvo lunar.

Vacío el cuerpo
sobreviene el silencio y el dolor
como el eco de algo

desconocido,
como una gran lengua de hielo
que pesa como una derrota.

Hay palabras que brotan de las piedras
y atacan como enjambre:
palabras que nos dejan sin palabras.

BATALLAS

Nuestra vida no es más
que una gran colección
de batallas perdidas.

Cada tanto algún triunfo
despistado y efímero,
una alegría breve,
consigue que olvidemos
solo por un instante
que lo que predomina,
siempre, son los reveses
que se van sucediendo
uno detrás de otro,
como un largo preámbulo
a la derrota última
concluyente e infinita.

GAZA

Vesania de caballos desbocados
y asesinos que caen desde el cielo,
en impúdico reto, tropezando
contra el estado cero de Bose-Einstein.

Un viento de mercurio en diagonal
disuelve cada árbol de ceniza
y escupe entumecidos corazones
por la marchita arena solitaria.

Todo el amor se esconde —tras las piedras—
para llorar por los amaneceres,
cambiar su indumentaria rojo sangre
y estrellarse en un alba gris metálica.

Y gime confundido entre invisibles
cuerpos despedazados por las bombas,
por las sierpes del hambre y de la sed,
por el silencio cómplice del miedo.

CÍRCULO CERRADO

La sangre bajaba por el monte y los ángeles la buscaban,
pero los cálices eran de viento [...]
Federico GARCÍA LORCA

Cielo que se desangra. Llueve arena,
arena colorada del desierto.
Desierto mancillado, rojo incierto.
Incierto el verbo oculto en la alacena.

Alacena que esconde una condena,
condena a lo inmoral de un solo muerto.
Muerto el sueño de paz a cielo abierto,
abierto al sicofante, ¡Dios, qué pena!

Pena porque se acaba la esperanza,
esperanza que aborta el rey de sombras.
Sombras que nos azotan cual flagelo.

Flagelo forjador de la venganza,
venganza que nos cubre con alfombras.
Alfombras de metal. Fuego del cielo.

LA MIRADA DE FADWA

Hacia el fin de un otoño destemplado,
cuando orillaba Gaza y el destino,
la joven Fadwa, mustia en su camino,
sintió el grito de su hijo desgarrado.

Y sintió en su garganta, desbordado,
ese sabor lejano y repentino
del metálico acero masculino,
en barricas de muerte madurado.

¿Qué queda más allá de un bombardeo?
Brazos y piernas amputadas, guerra.
¿Y qué cuando se hace muy largo el miedo?

Hambre y muerte detrás de la mirada.
¿Qué queda tras las bombas en la tierra?
Vidas perdidas, sangre derramada.

Libro V

PALABRA ESCONDIDA

(2017)

PALABRA ESCONDIDA

Como afluente de un verso que desborda
los confines cuadrados de un poema,
la palabra se esconde en la planicie
de indefinida arena.

Hasta el sol de la eterna primavera
—que bañara estas tierras desde siempre—
escondió la palabra, y ahora cuelga
su luz a la intemperie.

EN UN POEMA

He querido escribir mis pensamientos,
plantear las preguntas que me inquietan,
denunciar atropellos e injusticias,
mostrar mi rebeldía ante el exceso,
mi rechazo absoluto al despotismo,
mi indignación tenaz frente al corrupto.

He querido expresar mis discrepancias,
filosofar, buscar luz en las sombras,
enfrentar las transiciones del cuerpo,
encontrarles respuestas a mis dudas.

He querido dejar en un poema
—sabiendo que soy polvo y todo sobra—
un mensaje de amor para el futuro
antes de acomodarme en mi penumbra.

He querido, aguzando mi conciencia,
calcular la distancia entre la vida
y la muerte que cabe en un poeta,
pero hoy me mutilan el desánimo
y la vergüenza. Apenas tibio el sol
por detrás del cadalso de la tarde.

La aflicción es un charco que la sombra
agranda y que entorpece mi propósito
de búsqueda obstinada de un poema
que testimonie mi último deseo.

LA CIUDAD DESNUDA

Una brisa de río y de nostalgia
asciende por las calles más antiguas,
diluyendo en la plaza el mar bravío
y la sospecha de un reflejo claro
de luna, que se adivina a su espalda,
inmaculada de todo prejuicio.

Desierta la ciudad dibuja a mano
filamentos de lluvia transparente
que descienden al pozo de la noche.

Ciudad con un pasado soberano,
levemente inclinada a la tristeza,
azotada por ráfagas de un viento
que atraviesa la plaza y se descuelga
ciego, y a cuerpo muerto, a la penumbra,
igual que cae la fina llovizna
rodando sordamente por las calles
que huelen a noche en una ciudad
hoy desnuda como Comala eterna.

Silencio en los balcones inocentes
con sus barandas de hierro ondulado
ungidas por el aire de los años.

Silencio en las esquinas que apresuran
los embates nostálgicos de un tiempo
de nocturnos jazmines del país.

Desnuda la ciudad se moja lenta,
poblando su perfil de una humedad
que enmascara los ecos de un pasado
de miradas altivas, y de pájaros
de vuelos geométricos y audaces.

Desnuda la ciudad, cuando la noche
impone su poder, baja sus párpados
y emprende un nuevo viaje hacia el recuerdo.

SILENCIARON NUESTRO CANTO…

Silenciaron nuestro canto,
nos arrancaron las plumas
y nos cortaron las alas,
sin ellas nos empujaron al bosque,
amontonaron lunas desahuciadas
en un horizonte que dejó de huir.

No contentos con cortar la cadena,
rompieron los eslabones
y violaron nuestras casas,
incautaron cartas a nuestros padres
mientras más allá del mar
hubo que sobrevivir sin noticias
cuando internet no existía.

Alojados en nuestro propio abismo,
intentamos acoplar nuestros pasos
a una ilesa esperanza,
pero, en una realidad compartida,
quedamos frente a frente con el tiempo.

Vagamos igual que nómadas
anónimos y deseslabonados.
Resistimos ralos al desencanto
de días revueltos en la memoria
como unos rescoldos en rebeldía.

Pero hemos sobrevivido
adiestrando el exilio en libertad,
ardiendo, cada cual a su manera,
en lucha con el mar que nos traía
sordos rumores de ausencias.

Lo temporal convive con nosotros
aunque duerma a la intemperie.
El ser humano se acostumbra a todo,
unos vimos alejarse a las musas
mientras intentábamos renacer
respirando periferias.

Atrapadas en la red
que urde la supervivencia,
las musas tardaron en regresar.

Otros las redescubrieron
ahogando la dictadura en la priva,
pero, antes o después, todos
regresamos a buscar
la perdida juventud.

La vida es como una herida
que se agrava con los años.

PORQUE MI VOZ…

Porque mi voz arranca en otro tiempo,
otra circunstancia, otra realidad,
porque florece en praderas lejanas
donde ha besado otras lunas,
otra cotidianeidad.

Porque mi voz despierta en otra orilla,
proviene de otra arena, de otro mar,
porque fue flor en labios temblorosos,
voy a silenciarla ahora
tan solo…
                    para escuchar.

VINE DE UN ÁRBOL SOMBRÍO

Vine de un árbol sombrío,
donde ideas y palabras
maltrataban el adagio
de Stéphane Mallarmé
y se quedaban calladas.

Vine de un árbol sombrío,
donde semilla y semántica
no aseguraban los sueños,
sus raíces no bastaban
para disipar las nieblas,
la savia estaba en las hojas
preparadas para el vuelo.

Vine de un árbol sombrío
que quedó solo en las sombras
un veintisiete de junio,
cuando empezaba el invierno
y se quebraban las rosas.

Vine de un árbol sombrío
ignorando la distancia

que desdibuja el latido,
deshojando mi existencia
entre miradas anónimas,
hundiendo el rostro en mis manos
cuando amanecía el frío.

HUBO UN TIEMPO

Hubo un tiempo de carne temblorosa,
sangre caliente y pieles erizadas,
de muslos prematuros,
de orgasmo apresurado.

Y dentro de esa furia disonante,
yo busqué correntadas río abajo
y navegué por pechos río arriba,
tripulando unas manos ávidas y aún torpes,
para adensarme en besos no ensayados.

Preludio de los días
latiendo protegidos
bajo cuerpos blindados,
de estrellas inflamadas
y de inocentes labios.

Cuando el tiempo dormía
con música de arroyo bajo el puente,
yo soñé atardeceres a tu lado
despojados de niebla,
y cuévanos de lluvia
resbalando en la seda de tu piel.

Y así llegaste, toda de repente,
en la noche escondida tras los pinos,
y resplandor de luna
descansando en el agua.

Con la complicidad de tres estrellas
vigilantes de todos nuestros pasos,
se rozaron las manos y los labios
con suavidad de espuma,
mientras crecía el cielo
en la honda ternura de tus ojos.

EXISTE UNA CIUDAD

Existe una ciudad en las gotas de lluvia
sobre los adoquines, sobre el puente de piedra,
sobre la sed del mundo.

Existe una ciudad en el trozo del sueño
cuando la noche prueba a burlar su destino
con un reloj de luz.

Existe una ciudad en esa hora ligera
que antecede a la aurora cuando la noche oscura
finge recuerdos célebres,
cuando la piel revienta tras los juegos eróticos
y se agitan los cuerpos en medio de las migas
que el deseo dejara.

Existe una ciudad ruidosa en la mañana
con las ondulaciones de una campana enorme
sonando en el vacío.

Existe una ciudad cuando la tarde baja
como un amor hundido por las calles del puerto
que esperan a la noche.

REPOSO

El poeta descansa.

Detenida la pluma
yace inerte
sin cielo
sobre el papel en blanco
olvidado en la mesa.

La sombra que ella proyecta
es el latido interno de un poema
que duerme aún su sueño.

Libro VI

AL ROCE DE LA PIEL CALLADA

(2018)

NOCTURNO

Buscando unas luciérnagas traslúcidas
más allá de inocentes latitudes,
tú descubriste el hueco de mis manos
cuando huían al rojo de la tarde,
como blancos fragmentos de granizo
bailoteando en cuencos de cristal.

Yo bebí del secreto de tus poros.
Me asomé a la acitara de tu cuerpo
a través del deseo vehemente,
surqué el camino largo de tu piel
hasta caer, vencido por tus labios,
entre la espuma clara de la noche.

Cuando el jilguero yergue su tonada
triunfante, nos ahogamos de horizontes.

QUÉ FRÁGIL LA BELLEZA DE ESTA NOCHE

Qué frágil la belleza de esta noche,
suspendida entre cándidos resquicios
trenzados con la fibra del verano
que convierte tu cuerpo en un océano.

La luna, desprendida de las sombras,
se desplaza entre hormigas blanquecinas
y se tiende a soñar, junto a nosotros,
con el arrullo suave de las olas.

Cómplice de los juegos en lo oscuro,
dispersa sobre el mar luz en semillas,
partículas de polvo misterioso
que la brisa enmaraña en tu cabello.

La arena permanece aún caliente,
delinea el contorno de los cuerpos,
tus manos le reinventan filigranas
al pájaro que vuela por mi espalda.

Tu boca se desliza por la grada
de mi carne, y avanza sin obstáculos,
atraviesa el pasillo de mi esencia,
y logra que mis alas se desplieguen.

TUS OJOS

Cae la tarde desde su infinito
por detrás del gran río
que hoy desciende callado.
Me ahogan en la cúspide tus ojos
y en la paz de sus embalses de sol.

Navegarlos a vela,
cansarme de contar las olas,
respirar en la comisura
de tus párpados y cerrar los míos
para hallarte en mis sueños.

Convertirme en un náufrago
para que me rescaten
cuando la luz se esquine en el silencio
y los ceibos dormiten
en el imán multiforme del agua.

Derribar los imperios de sus brumas,
sumergirme en el baile de su espejo
para profundizar en la miríada
de estrellas que te habitan.

Poner sus perlas a orear,
eternizar mis ojos en los tuyos,
hundirme en ellos y sentirme… Tú.

DESEMBARCO

(De vez en cuando)

Gusto en ciertas ocasiones
desembarcar silencioso,
en el cuerpo delicioso
que despierta mis pasiones.
Extraviarme en los rincones
atrevidos de su playa,
ardiente donde las haya
con sus calas y palmeras,
descender por sus laderas
y escalar a su atalaya.

De tanto en tanto disfruto
mezclando piernas y brazos,
atándolos con mil lazos,
rindiendo a Eros tributo.
Degustando bien su fruto,
y en ondeante ejercicio,
bajo por el precipicio
a la inocente morada,
y tras la fronda enroscada,
libo la vida en su inicio.

Y con ritmo tembloroso
por el placer, confundido,
incursiono en lo prohibido
tras un gesto generoso.
Con rito lento y garboso
rocío mi pensamiento,
y humedezco con mi aliento
su jadeante figura,
hasta anudar su hermosura
a esa pasión que yo siento.

ÓRBITA NOCTURNA

Solo una vela ilumina la alcoba
proyectando su luz contra tus senos,
mecidos suavemente por las ondas
claroscuras que danzan en silencio.

Todo tu cuerpo borda con sus besos
la noche y, a mi lado, duermes plácida
y desnuda, tendida sobre el lecho,
casi en una postura fotográfica.

Mientras afuera tiembla y llora el frío
con ateridas lágrimas mecánicas,
como pequeña gota de rocío
que roza levemente nuestras láminas,
así también mis labios se deslizan
por cada poro de tu piel dorada,
despertando tus nubes escondidas
antes de que al mundo le caiga el alba.

CAPITULACIÓN

No sé si las estrellas
descubrieron tus grandes ojos negros,
o es tu alma la que emite sus destellos
como luna serena.

No sé si está la luna
salpicando en tu pelo de azabache
el reflejo candente de su carne
cual caricia desnuda,
o está encendiendo velas
sentada en los pretiles del insomnio,
mientras busca en el bruno dormitorio
los versos de un poema.

No sé si es su mirada
la que al enamorarse horada el aire,
o es la tuya que me ama al contemplarme
cual sol de madrugada.

Solo sé que al galope
de las notas melódicas que brotan
de tu piel, capitulo yo en tu boca
y me rindo a tu noche.

OJOS DE AMANTES

Permanecieron inmóviles
despojando sus ojos felinos de cualquier usura,
prolongando sus cuerpos
hasta donde terminan las fronteras,
abrazados a ese lado solitario del amor
semiescondido en las bocas del crepúsculo.

Sus ojos / los de ella

reflejos de un mar de esmeraldas
parecían proferir gritos en silencio.

Sus ojos / los de él

espejo de un campo de almendras
simulaban lanzar perlas al viento.
Como pájaros incendiados
por un alba en llamas,

sus ojos / los de ellos

se quedaron observando,
silenciosos y contradictorios,
la extraña dureza del nuevo día
que asedia, estólido, a las sombras
en inmensa retirada.

Bajo sus párpados,
que cayeron como lunas malheridas
en medio de la noche,

sus ojos / los de ellos

se quedaron soñando con nadie,
con palabras suicidadas
entre sus cuerpos y la cama,
y sintieron los límites más allá del sexo,
fundidos con todo y con nada,
con todos y con nadie,
en pura contradicción.

LAS PUERTAS DE LA ROSA

No conoce el arte de la navegación
quien no ha bogado en el vientre
de una mujer, remado en ella,
naufragado
y sobrevivido en una de sus playas.
Cristina PERI ROSSI

Aspiro todo ese aroma
sensual, intenso y profundo,
que exhala la rosa tibia,
siempre que en ella me hundo.

Separo todos los pétalos
con esmerada ternura,
hasta que aflora turgente
su más oculta hermosura.

Ese enroscado pistilo,
en espiral tembloroso,
con la insaciable presencia
de su néctar lujurioso.

Ejercicio placentero,
delicado y envolvente,
cuya humedad generosa
sabe agridulce y caliente.

Se me asfixian las palabras
dentro de sus suaves puertas,
que, si bellas son cerradas,
mucho más lo son abiertas.

FRESCAS NOCHES DE MARZO

La luna se mecía colgada sobre el río
enredando sus pétalos danzantes
con hebras azabache
que pintaban tu rostro
con luz y sombra en terso claroscuro.

Mientras la fresca brisa de las noches de marzo
pintaba en tus mejillas dos cerezas,
tú me dabas luz verde
para que yo nadara
entre las olas tibias de tus labios.

ENTRE EL CIELO Y EL MAR

Entre el cielo y el mar, solo una raya.

Una lanza que clava luz de espuma
entre los intestinos de la noche
—profunda y misteriosa en su mudez—
para licuar las perlas de la cúpula,
como llora el laúd notas de sangre
replegado en su amnesia temporal.

Entre el cielo y el mar, solo una raya.

Se mojan las caricias sin paraguas.
Los besos se protegen de los besos
mientras tiemblan los muslos impacientes
y la luna interrumpe su paseo
entre cristales, porque el amor siempre
sobrevive al febril instante oscuro.

Entre el cielo y el mar, solo una raya.

Libro VII

EL TREN DE LOS SUEÑOS ROTOS

(2021)

FUGACES

Igual que los latidos
del río cuando corre hacia la mar.

Como un negro torrente de vencejos
que se alejan y duermen mientras vuelan.

Así escapan las horas a una tarde
ebria del vino tinto que ha vertido
el sol, sobre los bordes azulados
del mantel de la tierra.

SOY…

Soy el tímido amanuense que camina entre sus versos
y escucha el canto de un pájaro
suelto sobre las cornisas,
desclavando fantasías
cuando la luz raya el aire,
mientras la ciudad resiste a los reflejos del tedio.

Soy el que bajó la antorcha de los cielos verticales,
con las palabras redondas
adentrándose oferentes,
como agujas en los párpados,
para que todo su mundo,
imprudente, se enredara con los gritos de los vientos.

Soy el asombro fecundo que surge como las nieblas
de los remotos paisajes.
El ojo que horada el agua
y oculta estrellas en germen
cuando la gran luna roja
le roba al cielo su sangre y la vierte en su perfil.

Soy el fuego en el esófago, las cenizas de las noches
tras la mezcla de bebidas.

Soy el agua que unifica
todas las aguas que duermen
plácidas en los estanques,
perdida ya la esperanza de ser río, mar u océano.

Soy el eterno misterio del nacimiento y la muerte,
el padremadre del miedo,
la conciencia de la edad,
el aljibe de silencio
por el que se alza en un cubo,
abstraída en su entelequia, la música de su vida.

Soy el recodo del río acogiéndose al amparo
de los árboles frondosos,
cansado del recorrido
entre sístoles y diástoles
y extraño temblor de arterias,
con la preocupación del poco tiempo que resta.

Soy la sombra que reúne todas sus sombras antiguas,
las viejas tinieblas íntimas,
las nubes cubriendo el sol
sin velos y sin candados.
Doblado por los recuerdos,
soy el regreso de un viaje que se parece a la muerte.

VOCES INCONCLUSAS

Somos voces inconclusas,
múltiplos de aquellos vientres
forzados a acompañar
gaviotas, por un confín
de nieblas ya sin retorno.

Somos voces inconclusas
nacidas del hambre antigua,
consecuencia de aquel miedo
repetido años más tarde
en las noches de atropello.

Somos voces inconclusas,
destino final de un viaje
que acabó incubando acentos
en la orilla de otros mares,
y lejos de nuestros pájaros.

Somos voces inconclusas
de canciones solidarias,
y ahora, árboles de otoño,
cavamos impermeables
grutas, para rearmar

nuestros dispersos retales
(el reinicio a calle abierta)
y abrigar nuestros recuerdos
para así salvaguardarlos
del agua, el viento… y el hombre.

LA ÚNICA RESPUESTA

A veces me pregunto cómo llegué al silencio
de larga cabellera, a ese silencio pulcro
que se esconde en la nada. Cómo se me pegó
el murmullo de un viento arrimado a la infancia.

Cómo y cuándo esta lenta y blanca soledad
se transformó en cómplice hilera de sinónimos,
adherida al olvido del recinto secreto
donde el silencio reina sin versos ni palabras.

A veces me pregunto si este silencio claro
de sílabas calladas y de densa fatiga,
que amordaza y secuestra hasta el mínimo ruido,
tendrá bastante fuerza para levantar muros
que me dejen al margen de este mágico espasmo
que el caos me produce cuando cae la noche.

La desolación crece acentuada por voces
que escapan de un perplejo poema que no calla
como si de un espejo parlante se tratara.

A veces me pregunto si nació este silencio
para envolver mis versos, o es mi imaginación
que le ha insuflado vida en medio de otras vidas.
Me lo pregunto a veces, y el eco de mi voz
que tiembla sin garganta es la sola respuesta.

EL TREN DE LOS SUEÑOS ROTOS

El poema hace referencia a la profunda tragedia que experimentan ciertos países de América Central, donde miles de personas desesperadas se montan en el tren llamado La Bestia, también llamado «de la muerte», atravesando todo México en busca del famoso sueño americano. La mayoría de los emigrantes mueren en el intento, víctimas de las pandillas de las maras y de las mafias de la droga.

J. P.

La desesperación viaja aferrada
a un oxidado hierro en los vagones
de La Bestia, ese tren que rueda lento
sobre rieles cansados y herrumbrosos
por llanuras inmóviles e inciertas
franqueando el infierno en su aleteo.

La desesperación es lo que lleva
al emigrante hambriento y sin papeles
a recorrer kilómetros de riesgo
y humo ciego, montado sobre el lomo
de ese animal feroz, devorador
de la esencia del hombre y sus anhelos.

La desesperación lo vuelve débil,
vulnerable, empujándolo a apiñarse
con el hermano de lucha, el compañero,
en esas vagonetas descubiertas,
ansioso por cruzar esa frontera
hacia el nuevo horizonte de sus sueños.

La desesperación es el vacío
de aquellos que se duermen y caen,
es hálito mortal entre los cuerpos.
¿Cuánta muerte tendrá aún que llegar
y cuántas violaciones a mujeres?
Qué injusto es este mundo y qué imperfecto.

La desesperación es voz anónima…
Cuando se van sumando los cadáveres,
es el nombre solemne de los muertos.
Y es el nombre del miedo, que se alarga
cuando la vida queda más desierta
y los potros galopan por el pecho.

CUANDO YA NO SEA NADIE[1]

(Sextina)

La memoria agoniza con el fuego
y lanza el eco de un quejido débil,
bocado oscuro, freno de la muerte,
puñal que resplandece en el abismo
e ilumina el secreto de la noche
en unas horas que no son de nadie.

Si después de esas horas fuese nadie,
quizás yo reviviera con el fuego.
Entonces volvería por la noche
y, aunque estuviera viejo y algo débil,
no caería aún en el abismo,
miraría de lejos a la muerte.

1. Sextina es un poema integrado por treinta y nueve versos endecasílabos que se agrupan formando seis estrofas de seis versos cada una y un remate de tres versos. No hay rima entre los versos de cada estrofa. Todas las estrofas insertan la misma palabra final que se ha incluido en cada uno de los versos de la primera estrofa, pero en diferente orden. Estas palabras suelen ser sustantivos bisílabos. El poeta puede incluir al albur las seis palabras finales de la primera estrofa, en el resto de estrofas debe seguir un orden establecido. La primera estrofa incluye palabras distintas al final de cada uno de los seis versos que no riman entre ellos. Es decir, los versos serían: A, B, C, D, E, F. La segunda estrofa debe incluir las palabras finales en el siguiente orden: la palabra final del primer verso debe ser la palabra final del último verso del primer párrafo y después se van alternando de los versos iniciales y finales. Es decir, así: F, A, E, B, D, C. Las otras estrofas deben seguir la misma regla. El remate (o contera) debe utilizar las seis palabras finales, de forma que se colocarán una en el centro del verso y otra al final del verso.

No sé si habrá otra vida tras la muerte
porque del más allá no ha vuelto nadie.
Me resisto a caer en el abismo,
me anima Prometeo con el fuego
que le robó a los dioses y, aunque débil,
salgo a vivir la vida alguna noche.

Busco en el ruido sordo de la noche
no caer en los brazos de la muerte,
y con la fuerza intrínseca del débil
—aunque esto no lo entienda casi nadie—
soy receptor del culto sacro al fuego
y del verso que estalla en el abismo.

Y así, sin exiliarme en el abismo
ni en la juerga festiva de la noche,
me uniré a la sagrada luz del fuego
y al ritmo de la vida y de la muerte
que, llegándole a todos, es de nadie.
(No habrá triunfo del fuerte sobre el débil).

Nace mi verso con aliento débil
lanzando su metáfora al abismo,
y habla por mí, como si fuera nadie.
Quiere guardar el brillo de la noche
para que parta en paz hacia la muerte
cuando, helado de nieve, busque el fuego.

Yo caeré al abismo de la muerte
cuando mi débil verso arda en el fuego
y, tras la noche, me convierta en nadie.

EL SINO DE LA CIUDAD DE GAZA

Las huellas de un pasado esplendoroso
desangran la memoria,

viejos mitos y tópicos,
como unas acuarelas en la lluvia,
se diluyen en esas cicatrices
de calles hoy vacías
y casas derrumbadas,

flotan en espiral entre la gente,
como la niebla que no se despide
y resiste su marcha.

El eterno sino de una ciudad
que atraviesa con paso desolado
las nostálgicas sendas de la historia:

ir por los tiempos huérfana de sueños,
buscando la esperanza.

Libro VIII

CASA DORMIDA

(2022)

EL SILENCIO

La voz que queda flotando
se desprende de la noche
y ya no se recupera.

Atraviesa las creencias,
se disuelve en levedades
y olvido. Desaparece.

Una médula de sombra,
coágulo de un instante,
la engulle tendiendo un puente
tras los cuerpos insumisos.

Los límites se enrojecen
y la palabra carece
de todo significado.

El obstinado silencio
se origina en el abismo,
procede de su oquedad,
como el mar que se tragó
a los baladros del viento.

CASA DORMIDA IV

En la pared del fondo de la estancia,
la luz escasa forma nuevas tapias
de polvo y humedad.
La persiana, dormida aún, nostalgia
los días cuando el sol en la ventana
calentaba el cristal.

La verja con el hierro carcomido
retuerce en espiral las esperanzas
y los antiguos sueños
cultivados cuando era solo un niño
y la vida corría, alegre y mansa,
por escondites ciegos.

Hoy la penumbra aviva los recuerdos
que duermen pulcramente en la garganta
de las habitaciones.
Siento crujir la madera del suelo
latiendo igual que una lonja que baila
al ritmo de un candombe.

Se han ido los espacios, los adornos,
las más inexplicables perfecciones,
las luces, las costumbres.
Se han ido los sonidos del asombro
dejando solo el rumor de la noche
que los años engullen.

Se han quedado los sueños como estatuas
y se ha ido el murmullo acogedor
de las voces queridas.
El tiempo que arde inmóvil deja ascuas
que el aire esparce por cada rincón
de la casa dormida.

EL RECUERDO DE LA BLANCA ESCALERA

Siento que fui feliz en aquella azotea
y en la blanca escalera de hormigón
que entibiaba los días de mi infancia.

Yo solía dejar morir las horas
más lentas de las tardes estivales,
recostado en el último peldaño
de la blanca escalera,
con libros de aventuras juveniles,
y soñaba, soñaba…

Siempre existe un recuerdo que se esconde
dentro de otro recuerdo,
que confunde verdad con imaginación,
aunque se sabe que cada verdad
posee siempre flecos de mentiras.

A veces huyo de mí refugiándome
en aquellos recuerdos de mi infancia.
Yo no quiero apelar a ese recurso fácil
de culpar a los años, al tiempo transcurrido,
porque ese mismo tiempo que ha pasado
enaltece el rango de la memoria.

¿Por qué me acuerdo de aquella escalera?
¿Por qué me acuerdo de aquella azotea?
¿Es que acaso los recuerdos se eligen?

Cierro los ojos y lo veo claro,
esos recuerdos son como una nueva infancia
que regresa con toda su inocencia,
como si nuevamente iniciara la vida
esa exultante gesta de descubrir el mundo.

ÁLBUM DE FOTOS

En el álbum de fotos familiares,
casi siempre cerrado por reformas,
caben, como en un sueño, los envases
de todas las palabras sin sonido,
de los rebeldes labios de lo quieto,
de la paz subvertida por la imagen
que inmortaliza un instante feliz,
un meteoro fugaz y brillante
como flor de baobab, rey de una noche
que se marchita con la luz del día.

En el álbum de fotos familiares,
como melaza que siempre regresa,
sobreviven historias que perduran
a la sabiduría de Atenea
y al color implagiable del ocaso;
florecen la alegría del ayer,
las llamas de esperanza entre las nubes,
el lento desgarrar del plenilunio,
lo efímero de la felicidad
y lo frágil de nuestras existencias.

En el álbum de fotos familiares
trasciende un testimonio concluyente
que deja al descubierto evocaciones
prisioneras de la corporeidad
del tiempo, a la acechanza de una espita
que libere las voces detenidas
y encerradas adentro de ese marco
estático que desdibuja formas:
desesperada y vana tentativa
que encuentra la respuesta en el silencio.

En el álbum de fotos familiares
residen cicatrices de las lluvias,
quedan marcados trozos de paisajes
que habitan en los sitios interiores
guardados para siempre bajo llave.
Contraseñas balsámicas inútiles
intentan esquivar esa nostalgia
que nos invade cuando la neblina
hace acto de presencia con su tul
transparente de siesta melancólica.

En el álbum de fotos familiares
fluye la poesía a borbotones
con su denso tejido pegajoso,

con el gusto de la vida en la boca,
con olores de todas las edades
que todavía huelen, inmutables;
poesía que huye por el ojo
oteador gigante, que comprende
un espacio más grande que el paisaje
que se nos queda fijo en las retinas.

En el álbum de fotos familiares
el tiempo se despoja de sus prendas
y permanece en sepia detenido,
prisionero, sin válvulas de escape,
estanque tibio atado a su quietud;
los rostros de los seres más amados
conservan la frescura de unos años
en los que todos éramos felices
porque el amor lo acariciaba todo
y no había ausencias estrujándonos.

En el álbum de fotos familiares
asoman las sonrisas que no están,
los cuerpos escindidos de la piel
habitando en el espacio invisible,
las músicas desiertas del espejo
impregnadas de bailes y de cantos,

la alegre tempestad de un cumpleaños,
las diferentes modas giratorias,
la espontánea luz de la dicha,
el franco titilar de la alegría.

En el álbum de fotos familiares,
el mar tiene la curvatura justa
para esquivar los *flashes* de la noche,
y duplicar las horas del insomne;
la nieve que desborda los almendros
queda servida en el mantel del alba.
La vida se presenta siempre dócil,
un puro litoral en el verano,
y un crepitar de brasas en invierno
cuando aún le quedaba tiempo al tiempo.

En el álbum de fotos familiares
pierde sus límites el universo,
se incendia el cielo azul de los recuerdos
y nosotros, sedientos de ese cielo,
nos vestimos al temblor de la edad,
nos prestamos palabras y miradas,
rastreamos ayeres que se pierden
ajenos a los ruidos de la fiesta,

y empezamos a hablar de las ausencias
cuando no queda tiempo para el tiempo.

En el álbum de fotos familiares
la luz indiferente huele a ausencias
y sobre ellas levita la congoja;
queda el espejo náufrago en nostalgias
con imágenes fijas, vencedoras
del paso de los años, sin fisuras
en sus fibras. Éxtasis de abandono.
El amor recompone los colores.
¿Se podrá reanudar la travesía
en los lindes temblorosos del cosmos?

En el álbum de fotos familiares
buscamos con afán una señal,
una voz que nos sirva de alimento,
la palabra que despierte la piedra.
Repasamos los rostros y los nombres
y asumimos lo eterno de un instante.
El amor se incorpora nuevamente
pero ahora con forma de recuerdo
que regresa, y se queda registrado
en la espina dorsal de la memoria.

EN LOS BRAZOS DE TU RECUERDO

Todos aquellos pétalos de tu corazón grande
me mostraron los pájaros, los peces y el cielo.
Abrí, con la primera luz del alba,
la puerta de los sueños de la infancia
y descubrí el mundo
a través de tu gran amor.

De niño, entre las cuevas de la Punta Espinillo,
buscaba en ti la luz de mi futuro,
quería convertirme en hombre
a semejanza tuya:
eras tú la guirnalda de mi mundo.

En sueños todavía ven mis ojos
las boyas de tus cañas de pescar
hundiéndose en las aguas sosegadas
del viejo arroyo Pando,
y cómo se arrastran las tanzas
hasta encorvar las cañas
como juncos doblados por el viento.
Lo pasado pero querido
¡qué cerca vive en lo presente!
Cada tanto me acerco a este otro mar

que apenas se parece al nuestro,
y me siento en las rocas
con la intención de despertar
los ecos escondidos
en el enrevesado palimpsesto
de mi memoria.
Son rocas diferentes
pero me recuerdan a aquellas
que tanto amaste en vida.
Se esculpe el agua con el oleaje,
pero antes de perderse en el anonimato
del gigantesco mar,
cuando las olas rompen,
entre sus caricias más blancas,
me parece escuchar tu voz llamándome
como una melodía dulce
entre el aire delgado.

Tras la ilusión interrumpida
por el vuelo de una gaviota,
todo se vuelve sepia,
tu voz se difumina
y se va con el aire que no vuelve.
Entonces comprendo que tu voz
solamente es de nubes

y de aire navegable,
y vive en sus vastos jardines,
y, enrollada en sus alas, flota y viaja,
y me roza y me besa como una pluma leve
y está siempre conmigo, fuera y dentro.

Y así como el ave descansa
en brazos de una peña en la montaña,
yo repongo mis pocas fuerzas
en los brazos de tu recuerdo.

A mi papá, in memoriam

DOLOR Y FUTURO

Un buril afilado se me clava en el pecho,
hiere como una flecha flagelando los nervios.
Aparecen las brumas. Las rechazo,
les doy la espalda, cierro las ventanas.

Acepto el desafío y barajo de nuevo.
Asoma el porvenir con su red de misterio,
me saluda sonriente y me engatusa,
se me acelera el pulso. El dolor vuelve
como un martillo eléctrico, punzante y persistente.

Miro para otro lado intentando ignorarlo.
Reaparece el futuro con su ristra de dudas,
se muestra indiferente y cuajado de nubes.

Regresan las incógnitas vestidas
con sus túnicas griegas escarchadas,
caminan sin espalda por vías invisibles
con sus imprecisiones y más agua que sueños.

Desfilan ante mí mordiendo vida,
cansadas de esperar que llegue, pero…

el mañana es eterno, jamás llega del todo,
nunca estuvo tan cerca y tampoco tan lejos.

EN SU AUSENCIA

Después de atravesar la línea inocua
que marca la frontera imperceptible
entre lo que se fue y lo que se es.

Tras cruzar sin quererlo
ese pequeño espacio que identifica el hoy
para diferenciarlo del ayer.

Tras franquear el límite delgado,
apenas perceptible,
que desconecta el hielo de la sangre,
de pronto, por el aire que soplaba muy lento
y que lagrimeaba como un blues
suspendido del cielo,
el amor más inmenso
comenzó a flamear pausadamente,
al demente compás
que nos impone Dios.

Y girado el perfil hacia el silencio,
tan solo permanecen los recuerdos,

y en mi muñeca, siempre…

su reloj.

A mi papá, in memoriam

EN LA ORILLA DEL TIEMPO

Tuya la luna, vientre fecundo de una nueva vida.
Míos los cielos, rompiéndolos, buscando amanecer.
J. P.

Te estoy mirando ahora
desde el umbral del verso,
duplicando reflejos
desde la densa niebla,
y te veo en la casa
—de mágicos recuerdos—
con tu tiempo ocupado,
sin misterios ocultos,
inventándome el mundo
con palabras sin rejas,
amasando el futuro
con caricias ligeras.

Te estoy mirando y vuelven
las noches de verano
bajo la antigua parra;
los ecos del pasado
—verdecidos de plantas
en el largo cantero—

habitando por siempre
al sur de la memoria,
mientras que, protectora,
tu presencia constante
era refugio íntegro
que todo lo abarcaba.

Te estoy mirando y siento
aquellas manos cálidas
que ondularon mi mundo,
que se forjó en tu voz
esperando despacio
con tu ejemplo de guía,
y hoy me veo a mí mismo
reflejado en tus ojos,
volviendo a la niñez
con la luz ya cansada,
reviviendo paisajes
que serenan historias.

Te estoy mirando y veo
como en el horizonte
la memoria se vuelve
alondras en revuelo,

extornando momentos
de un azulado ayer,
soslayando regresos
de sueños replegados.
A veces, sin embargo,
solo veo tus manos
sobre mi corazón
en la orilla del tiempo.

Con la tragedia intacta
de su lenta agonía
más allá de nosotros;
con el sonido a lluvia
en las noches de invierno
disfumando latidos,
con las risas furtivas
—que ahora son olvido—
viviendo en su garganta:
en la casa paterna
doblegada de heridas,
solo quedan recuerdos.

Eran nuestros los pájaros
que cantaban sin miedo,

rompiendo en la alborada
los fulgores del cielo,
las luces primigenias;
pero hoy, madre querida,
ya no quedan estelas
donde el canto vibrara:
tan solo deshojadas
jacillas de la infancia,
laberinto de huellas
de un ayer sin mañana.

A mi mamá, in memoriam

CONFECCIONANDO RECUERDOS

Elijo no pensar en el futuro,
por lo menos, no hacerlo en demasía;
suelo quedarme envuelto en mi presente,
rumiando a solas con la poesía.

Redimiéndome de los vaticinios
que propone a menudo ese mañana,
mi ahora lo construyo del ayer
liberando el invierno en mi ventana.

Poco a poco edifico mis recuerdos
colocando ladrillos con paciencia.
Moldeo con la pala las imágenes
que van amaneciendo en mi conciencia.

Erijo mil paredes de nostalgia
y chimeneas con el «allá lejos»,
pongo vitrales con el «hace tiempo»
y alzo un altillo con escombros viejos.

Descubro un tragaluz de evocaciones
que en silencio descienden aturdidas,

retozan juguetonas con mis años
y regresan nostálgicas, vencidas.

Así voy levantando en mi memoria
la casa de otros tiempos, transcurridos
entre astillas de soles y de lunas,
al abrigo de sueños y de olvidos.

AQUELLA REMOTA NOCHE

Recuerdo aquella noche
cuando se produjo un silencio blanco, tranquilo,
como de mar en calma,
mientras callada y lívida la luna
volaba entre la clara oscuridad.

En medio de esa noche tan remota
un frío leve pero extraño cayó de pronto sobre mí
recubierto de sombra irremediable.
Recuerdo que mi abuela, la de Potes,
una vez que hubo deshojado el tiempo
(ese felino imperturbable
que avanza sigiloso entre las sombras,
sesgado, sin mirar atrás
ni pensar en nosotros),
decidió entrar serena en la otra sombra.

A sabiendas de que la parca
la aguardaba con sedas y brocados,
igual que recogía su cabello
en impecables y elegantes moños,
juntó todos sus años,

los de España y los de Uruguay,
los apretó fuertemente en sus manos,
soltó un ronquido leve y luego, dulcemente,
cerró sus ojos
para alzarse a la luz.

A la memoria de mi abuela Teria,
la del corazón grande

FRENTE AL ESPEJO

Desde este presente perdido
entre cenizas del pasado
en el que intento rehacer
la mitología cerrada,
para quitarle a las palabras
el peligro de ambigüedad
y de todo posible equívoco,
me entrego afanoso a buscar
pequeños fragmentos dispersos
que se vinculen —en silencio—
al árbol de mi identidad
erguido en su osario de ayer.

Me desnudo para asistir
a la función en blanco y negro
donde el reflejo de la duda,
la temporalidad erótica
y hasta mi propia consunción
novelan la carne del alma
aventurando que mi tiempo
permanece vivo en mis versos,
creando esquemas de mí mismo
en permanente movimiento

DESIDERÁTUM

Cuando mi voz se duerma en mi garganta
y se deshagan todas mis palabras.
Cuando estalle en pedazos mi mirada
y mi cuerpo despliegue sus dos alas,
quisiera que guardarais mi sonrisa
y no el rictus macabro que envilece;
que os quedara el recuerdo de mi vida
y no la imagen fría de mi muerte.

A mis hijas, Fiorella y Gabriela

Libro IX

MARENMEDIO

(o la inevitable influencia de las olas)

(2022)

INCONCLUSO

Cuando se secan las orquídeas
y el pez se queda sin océano,
cuando el vapor no gime en las calderas
y el sexo se transfigura en hartazgo.

Cuando los ríos besos no aparecen
y su humedad se petrifica
en la desembocadura del mar
de la tranquilidad y del hastío.

Cuando el aire ahoga y —definitivas—
las alas del amor se pliegan,
truncando a ese vuelo conjunto,
las palabras se quedan mudas,
imposibilitadas de entender
ese novel vacío
que produce la ávida prepotencia
de lo inconcluso.

EL ABRAZO

Deambulábamos todos
sin saber el camino cierto,
inmóviles en medio de la muerte
y de nosotros mismos,
sin llegar a reconocer sus bazas,
apartados del hálito infinito.

Hasta que llegó un junio frío y triste.
Pisotearon nuestras ilusiones,
asesinaron nuestras rebeldías
y nuestros referentes,
esos que ellos —enajenados
de su pobreza negra—
convirtieron en inmortales.

Con los pelos más cortos,
brotamos todavía
como el musgo que nace
entre los adoquines.

Nos fuimos enredando
igual que se adhiere la hiedra

a los muros descascarados,
hasta sentir el pálpito
de un fuerte y largo abrazo
que se quedó sellado *marenmedio*[2].

2. *Palabra empleada por Juan Ramón Jiménez en el tercer fragmento de su poema «Espacio».*

TRISTEZA

Tristeza es… ese tiempo muerto
sin los dibujos espirales
que produce el humo en el aire;
es sueños en futuro
de un pasado dormido
levitando detrás del biombo
de la memoria desgastada.

Tristeza es… el sentido
de culpabilidad
tan pesado como una losa.
Es el cuchillo que se clava
de falsedad, traición y engaño.

Tristeza es… esa sensación
de monólogo silencioso
cercado por la soledad.
Es la marmita donde hierven
quimeras e ilusiones;
es un inventario de nombres
y recuerdos perdidos
en el horizonte lejano,

es una añoranza de infancia
y de adolescencia esfumada.

Tristeza es... sábanas revueltas
pero sin olores ni huellas.
Es sentirse siempre extranjero,
incluso en nuestra propia tierra
al volver del exilio.
Es la sombra que nos dejaron
los amores y los recuerdos,
noches de ojos abiertos
enlazando las desazones,
e inventando unos porvenires
que nunca llegarán.

Tristeza es... falta de proyectos,
y envejecimiento gradual.
Es almacén de gritos silenciosos,
impotencia ante la distancia,
incomprensión y olvido.
Tristeza es... soledad
que se queda completamente sola.

ERAN TIEMPOS DIFÍCILES

Eran tiempos difíciles
para los que pensábamos distinto
en aquella penillanura
de doble rostro,
en la que pasado y futuro
se disolvían dentro de un presente
opresivo, que parecía eterno.

Eran tiempos difíciles.
Caía la pedrea del abuso
pero manteníamos viva la rebeldía
bajo la manta del silencio
de apariencia sumisa, sin sospecha.
Platicábamos todos en la sombra,
guardando los secretos.

Eran tiempos difíciles
para los que permanecíamos
en aquella ciudad desfigurada al gris
y a la niebla más fantasmal,
donde reinaba el miedo, la voz baja,
y el ruido a botas y fusiles.

Eran tiempos difíciles
buscábamos sin tregua la verdad, viva o muerta,
hasta que no se pudo
con tanto despotismo y tanta muerte.

A unos les extirparon su libertad, el resto,
arrancando ilusiones a la desesperanza,
empezamos a perseguirla
por las olas de un mar indefinido
que se quedó en medio de todo.

A TRECE MIL KILÓMETROS

Hoy anduvo la muerte entre mis libros
buscando mi pasado
Alfredo ZITARROSA

Irrumpía una y mil veces
eyaculando ignorancia,
destilando por sus poros
odio, furia y prepotencia,
y revolviéndolo todo
con absoluto desprecio.

Buscaba por la alacena,
en cajones y anaqueles,
segura de que hallaría
unos panfletos, un libro,
una carta, o esos versos
caídos de algún poema.

A unos trece mil kilómetros,
en la noche más oscura,
arrebatada su sangre,
mis pájaros padecían

y las palomas volaban
sin llevar mensaje alguno,
a la vez que ella, incansable,
lo desordenaba todo.

A unos trece mil kilómetros,
con un río plateado,
grande y ancho como un mar,
y de por medio un océano,
separado de mis pájaros
yo escribía en libertad.

Sé que no regresará
pero si una vez lo intenta,
en esa casa dormida,
ya no quedaría nadie
para franquearle el paso,
para levantar la tapa
del sótano de mi cuarto,
para responder preguntas
molestas e impertinentes
y soportar sus vejámenes.

Aunque ejerciera la fuerza
de su guadaña asesina,
solo hallaría paredes
y toda nuestra memoria
saltando como una fiera,
directo a su yugular.

LOS PECES DEL PANDO

Los peces de este arroyo
son pájaros sin alas,
minerales brillantes que sondean
cicatrices del agua
donde poder depositar sus miedos.

Se sientan en su cauce
con la niebla en los ojos,
repugnando la saña del destino,
para perseguir luego,
en efímero y fugitivo viaje,
a la aurora deshilvanada
que antes ya persiguieran sus ancestros.

Se sientan a enhebrar
el devenir del tiempo,
conocedores del inevitable
arribo de un caudal de agua viscosa,
contaminada por vertidos químicos
y por pesticidas clorados,
que envenenarán sus entrañas.

Se sientan en el cauce del arroyo
abroquelados entre los cantiles,
escondite perfecto para ciegos,
mientras comparten con desorden de ojos
la frescura del hambre.

Los peces de este arroyo
sueñan que son aquellos
que nadaban felices
junto a nuestra chalana,
pero sus sueños pronto se disipan
igual que el humo del tabaco;
hoy son solo unos pájaros sin alas
crucificados en cromo, sulfuros
y otros efluentes.

Estos peces que son todos los peces
sopesan el regreso al mar.
La desembocadura
donde se mezcla el agua
del arroyo con el agua del río
les representa su única esperanza.
Aconseja la coyuntura
consagrarlo todo al ascenso
en la propia dinámica fluvial.

No esperan nada de los hombres;
se sientan en las piedras más abstrusas
del lecho del arroyo,
arropados con sus membranas,
esperando que grite la memoria
que habita en lo invisible,
para cumplir así la perfecta parábola
oculta en el decurso de la vida.

CONTRARRELOJ

Reflejos multicolores de tiempos pasados
deja pasar el visillo transparente
que viste de novia a mi ventana,
vieja compañera
junto a mis libros y a mi computadora
de mis largas y silenciosas horas solitarias.

En este rincón de luz desesperada
y melodías que arriman nostalgia,
esbozo bosquejos sentimentales que,
sin canguelos, se dejan caer
como desahogos señalados.

¿Cómo podría escribir nada
sin estos escoltas solidarios
que suelen hacerme compañía
mientras el sueño se desvela?

¿Cómo podría, si los versos soliviantados
parecen estallar furiosamente dentro de mí?

¿Cómo podría, si pugnan por columbrar una luz
para ese inventario incomprendido
de suspiros vacuos que se desnudan,
mientras mi ajena vida corre veloz
hacia las tinieblas de aire diluido,
desgastándose en una inocua
e inútil carrera contrarreloj?

CERCANÍA

Como una muerte súbita
sin alharacas
sin estridencias
pero sin pausa alguna
por la pared abdominal
del universo
se descuelgan veloces
las láminas más crueles
del tiempo.

Todo el gran peso de tu historia
de forma abrupta
sin aspavientos
va cayendo como una loza
sobre tus días
y de pronto comienza
a hacerse una costumbre
el ser más huésped de tu muerte
que de tu propia vida.

Libro X

SIMBIOSIS

(Cien sonetos y un sonetillo)

(2023)

LA LUZ DEL FARO

Es de necios quitar de nuestra mente
los recuerdos que alumbran nuestra vida,
candelas de un ayer que no se olvida
porque su brillo siempre está presente.

Es de necios borrar de la memoria
los mágicos momentos de alegría,
luz del faro que otrora fuera guía,
arandela feliz de nuestra historia.

Es de necios negar nuestro pasado;
por mucho que se escape en estampida
hay que guardar su luz en los archivos.

Así, cuando la noche se despida
y los males atrás se hayan quedado,
seguiremos andando siempre vivos.

CUANDO MIRO HACIA ATRÁS

No sé muy bien cómo,
pero si pienso en los años que ya pasaron,
las risas antiguas se truecan en mi garganta
en el amargo sabor de las lágrimas.
Robert Louis STEVENSON

Cuando miro hacia atrás oigo mi paso
callado, sordo, gris, titubeante,
mientras retumba un verso lujuriante
como si proviniera del parnaso.

Cuando miro hacia atrás siento el fracaso,
por eso he de mirar hacia adelante
olvidando el pasado, palpitante
tras los colores tenues del ocaso.

Cuando veo al crepúsculo extender
sus ingrávidas alas vaporosas,
salpicando de vaho mi existencia,

siento como que vuelvo a renacer
y que el ayer se esconde tras las rosas
de un gran vergel que se abre en mi presencia.

SIMBIOSIS

Después de nada, o después de todo,
supe que todo no era más que nada.
José HIERRO

Más allá del camino donde el todo
nos parece absoluto, está la nada
que perfila una tenue pincelada
del secreto vital, hecho a su modo.

Y así caminan juntos, codo a codo,
en rara comunión, distorsionada
por la vana ilusión de la gris nada
y el confuso espejismo azul del todo.

Juntos, como la vida con la muerte,
en simbiosis perfecta, de tal suerte
que no se diferencian casi en nada.

La parca tan temida, en un recodo,
nos muestra que la vida solo es nada
pero que, en realidad, la nada es todo.

MI TESORO

Sellaré cada puerta con candado
y dejaré cerrada mi ventana,
para que ni una fuerte brisa arcana
arrastre los recuerdos que he guardado.

Dejaré en mi alacena, custodiado,
ese cofre —clavado como diana—
que vive en mi conciencia meridiana
y guarda mi tesoro más preciado.

Observo mudo el fuego, que consume
y hace trizas los palos de madera,
que calientan mi estancia y mi vigilia.

Mientras, mi evocación trae y resume
los instantes valiosos que, en espera,
permanecen aliados y en familia.

AUSENCIAS DE ULTRAMAR

En quienes se quedaron tras el mar
pienso a menudo casi sin temores,
y escucho los repiques de tambores
que convocan ausencias de ultramar.

Me separa y me aísla ese ancho mar,
de todos mis hermanos luchadores.
Mudo, contemplo el agua en sus labores,
para que el corazón pueda evocar.

El céfiro me esconde la impureza
que silencia sus voces más sensibles,
y las olas ocultan su gran pena.

Mientras, desnuda, llega la tristeza
en picos de gaviotas invisibles
que, tendidas, se quedan en la arena.

ASÍ TE QUIERO

Cuando me hablas o cuando estás callada,
desde el eje central del corazón
te quiero, aunque no sepa la razón
que me lleva a perderme en tu mirada.

Te quiero cuando caes agotada
después de nuestras noches de pasión
y te envuelven los tules de ilusión
al sonreír feliz y enamorada.

Te quiero desde el núcleo de otras vidas
y desde el negro espejo que devuelve
viejas leyendas cósmicas perdidas.

Te quiero como al sol que se disuelve
en las sombras del último recodo.
Te quiero así, por todo eso, por todo.

TRANSMUTACIÓN

Sin que te desprendieras todavía
de tus dulces muñecas adoradas,
se te han venido encima, inesperadas,
las horas de esta vida dura y fría.

Mientras corren aún sueños de cría
e historias de princesas encantadas
desfilan como imágenes soñadas,
tu cuerpo ya amanece al nuevo día.

Con su bolso de piedras muy pesadas
la adultez invadió tu fantasía,
sorprendiéndote como las nubadas

que caen sin aviso al mediodía.
Los sueños infantiles en bandadas
se van, mas tú te quedas... hija mía.

A mis hijas, Fiorella y Gabriela

TERAPIA

Escribir un soneto, en pos de orden,
en lucha con la métrica y la rima
y, además, recreando un cierto clima,
contribuirá a que escape del desorden.

Hoy no busco la forma, el acento
en las sílabas justas, la medida.
Alguna sinalefa consentida
me ayudará a cumplir con este intento.

En ciertas ocasiones los sonetos,
con su estricta ordenanza medidora,
me sirven de terapia natural.

Y aunque haya quién le escape a estos aprietos,
yo disfruto en su cárcel seductora.
Mi terapia acabó. Punto y final.

ÍNDICE

Libro III
LA ÚLTIMA CURVA DEL DRAGÓN
(2015 1.ª ed. - 2016 2.ª ed.)

Libro IV
TIEMPO DE CRISTALES ROTOS
(2014) - (2016)

Libro V

PALABRA ESCONDIDA

(2017)

Libro VI

AL ROCE DE LA PIEL CALLADA

(2018)

Libro VII

EL TREN DE LOS SUEÑOS ROTOS

(2021)

Libro VIII

CASA DORMIDA

(2022)

Libro IX

MARENMEDIO

(o la inevitable influencia de las olas)

(2022)

Libro X

SIMBIOSIS (Cien sonetos y un sonetillo)

(2023)

Este libro se terminó de editar en Granada
en febrero de 2026 por

Aliarediciones

www.aliarediciones.es
info@aliarediciones.es